Inhalt

Kundenwert

Kernthesen

Beitrag

Fallbeispiele

Weiterführende Literatur

Impressum

GENIOS WirtschaftsWissen Nr. 11/2004 vom 11.11.2004

Kundenwert

M. Westphal

Kernthesen

- Ein strenges Kostencontrolling beschäftigt sich auch mit den Kosten der Kundenbeziehungen, sodass die Ermittlung des Kundenwerts an Bedeutung gewinnt.
- Für die Ermittlung des Kundenwertes sind Paradigmenwechsel in der Kostenrechnung notwendig.
- Die Ergebnisse einer kundenwertorientierten Kostenrechnung ermöglichen eine Kostenoptimierung im Kundenbeziehungsmanagement.

Beitrag

Ein strenges Kostencontrolling beschäftigt sich auch mit den Kosten der Kundenbeziehungen, sodass die Ermittlung des Kundenwerts an Bedeutung gewinnt

Nahezu alle Unternehmen agieren nach dem Slogan: "Bei uns steht der Kunde im Mittelpunkt, denn unsere Kunden sind unser wertvollstes Gut." Aber nur die wenigsten Kunden sind wirklich wertvoll für das Unternehmen.
Unternehmen sehen sich dem Dilemma gegenüber, dass nur 20 bis 30 Prozent der Kunden eines Unternehmens profitabel sind. Die Frage, die sich dann stellt, ist, zu ermitteln, welche Kunden zu den rentablen gehören. Probleme bestehen aber nicht nur in der Identifikation der wertvollsten Kunden, sondern grundsätzlich in der Erhebung des ominösen Kundenwerts. (1)

Um die profitablen von den unprofitablen Kunden zu unterscheiden, sind die Unternehmen gefordert. Sie müssen die von den einzelnen Kunden verursachten Aufwände kostenrechnerisch bewerten. (1)

Der Customer Lifetime Value oder auch Kundenwert ermittelt den Wert des Kunden für das Unternehmen über den gesamten Lebenszyklus der Geschäftsbeziehung. Die Berechung des Kundenwertes betrachtet nicht statisch den Ertrag für ein Jahr, sondern versucht eine dynamische Ermittlung dieses Wertes über die durchschnittliche Dauer der Kundenbeziehung (unter Zuhilfenahme einer Diskontierung der kumulierten Ein- und Auszahlungen des Kunden). (2)
Der Begriff "Kundenwert" taucht zwar bereits 1992 erstmals in der Literatur auf, aber erst heute wird die Bedeutung der exakten Ermittlung dieses Wertes auch aufgrund der veränderten Umgebung und zunehmenden Dynamik auf den Märkten wie aber auch wachsender Bedeutung des Controllings in Bereichen wie Vertrieb und Marketing zunehmend gewürdigt. (3)
Auch im Marketing ändern Unternehmen ihre Strategien inzwischen häufiger als früher. Der Trend geht weg vom reinen Marken-Branding hin zu Kundenbindung und Neukundengewinnung. (4)
So geht der Trend hin zu personalisierter Kommunikation, um die Kundenansprache individueller gestalten zu können auf die Bedürfnisse des Kunden, aber auch im Hinblick auf seinen "Wert". (5)

In den meisten Unternehmen wird über den

Kundenwert oder wertorientierte Betreuung bzw. Akquise gesprochen. Dieses geschieht aber häufig im Kontext des Customer Relationship Managements. Dieses Vorgehen fokussiert sich bisher auf zwei Schwerpunkte, nämlich Prozessoptimierung und Qualitätssteigerung. So soll eine einheitliche Kundenhistorie, ein integriertes Angebotsmanagement, Reportfunktionalität und vieles mehr auf Basis eines technischen Systems realisiert werden.
Das lässt aber wesentliche Kernfragen unberücksichtigt:
- Welche Kunden sind werthaltig und daher vorrangig zu bedienen?
- Gibt es eine Strategie, die festlegt, welche Kunden gewonnen werden sollen und lässt das Potenzial des entsprechenden Marktsegments dieses überhaupt zu? Ist es möglich, die werthaltigen Kunden über verschiedene Informationssysteme zu erkennen und somit die vertriebsorientierten Bereiche entsprechend zu unterstützen bzw. zu steuern?
Hierbei gibt es mehrere Bestimmungsfaktoren, die die Beantwortung dieser Fragen beeinflussen:
- Marktpotenzial des Kunden (Ertrag, Entwicklung, Kauf-, Loyalitätspotenzial) (2)
- Marktpotenzial, welches sich aus seinen Weiterempfehlungen ergibt. (2)
- Betrachtung der individuellen Erträge im Vergleich zu den kundenindividuellen Aufwänden.

So bietet sich zum einen die Einführung einer kundenorientierten Kostenrechnung an, um die kundenspezifischen Kosten zu ermitteln. (1)
Im Wesentlichen geht es darum, die Kundenbeziehungen nicht nur einzeltransaktionsbezogen, sondern immer auch im Hinblick auf die Beurteilung der gesamten bisherigen Beziehung wie auch der zu erwartenden Erträge (immer unter Berücksichtigung der damit verbundenen Aufwände) zu bewerten. Hierbei legen Unternehmen inzwischen deutlich mehr Wert auf die Bindung der derzeitigen Kunden, als auf die Gewinnung neuer Kunden. (6)

Der Kundenwert dient als Planungs- und Steuerungsgröße, da er die aktuelle Situation des Kunden widerspiegelt, sowie Entwicklungspotenziale aufzeigt. Aber er kann auch als Monitoringinstrument dienen zur Identifikation profitabler Kunden und zur Ermöglichung eines langfristigen, individuellen Relationship-Managements (2).
Ebenso ermöglicht eine exakte Analyse der Kundenwerte die Identifikation von Problemfeldern im Kundenportfolio sowie in der Definition und Quantifikation der Ertragsziele im Kundengeschäft. (2)

Für die Ermittlung des Kundenwertes sind Paradigmenwechsel in der Kostenrechnung notwendig

Die Kombination von Kunden- und Geschäftsprozessdimension ermöglicht den Unternehmen einen eindeutigen Nachweis der Kundenkosten sowie die Durchführung einer kontinuierlichen Prozessoptimierung. (1)
Eine zwingende Voraussetzung hierfür ist allerdings, die Angestellten wie auch gewerblichen Mitarbeiter kostenträger- und auftragsspezifisch mit ihren Leistungsstunden kunden- und prozessspezifisch zu erfassen. (1)
Probleme ergeben sich daraus, dass nahezu alle gängigen Kostenrechnungssysteme auf die Abbildung der Kostenträgerkosten fokussiert sind. (1)
Kostenstellen werden heute immer noch weitestgehend zwar ermittelt, dann aber mittels exorbitanter Zuschlagssätze oder mittels Bezugsgrößen auf die Kostenträger umgerechnet. (1)
Für die Overheadkosten aus den Bereichen Vertrieb, Fertigungsplanung, Disposition und Einkauf gilt die Prämisse der proportionalen Beziehung von Arbeitszeit und Material und der produzierten bzw. abgesetzten Menge nur bedingt. (1)

Eine standardisierte Prozesskostenrechnung kann die verursachungsgerechte Verrechnung von Overheadkosten auf Kostenträger zwar unterstützten, die Kosten der Kunden bleiben aber unbetrachtet. (1)
Daneben stört der stark analytisch geprägte Ansatz der Prozesskostenrechnung, so sind die einmal jährlich ermittelten Sollvorgaben bzgl. Prozesskosten und -zeiten für eine kontinuierliche Prozessbetrachtung unzureichend. (1)

Das Dilemma der Ermittlung der Kundenkosten bedarf zweier Paradigmenwechsel. So dürfen nicht länger die Kostenträger im Vordergrund stehen, sondern erste Priorität müssen den Kunden und seinen individuellen Geschäftsprozessen zukommen. Der Kostenträger bleibt dann nur als sekundäres Betrachtungsobjekt erhalten. Darüber hinaus muss die Prozesskostenrechnung für die Zwecke der Kundenwertermittlung adaptiert werden. Die Prozesskosten und zeiten müssen monatlich ermittelt und ausgewiesen werden. Das ermöglicht außerdem Abweichungsanalysen, die notwendige Gegenmaßnahmen kontinuierlich aufzeigen und dann auch bereits im Folgemonat ergebnisorientiert bewertet werden können. (1)
Dieser Ansatz ermöglicht eine kundenorientierte Prozesskostenrechnung inklusive der Bewertung der durch den Kunden verursachten Kosten sowie eine

kontinuierliche Optimierung der Prozesse und daraus resultierend eine verursachungsgerechte Kalkulation der Kostenträger. Das stellt dann die Basis für die angestrebte Kundenoptimierung dar. (1)

Die Ergebnisse einer kundenwertorientierten Kostenrechnung ermöglichen eine Kostenoptimierung im Kundenbeziehungsmanagement

Eine Kundenoptimierung ist über verschiedene Vorgehensweisen zu erzielen. Im Folgenden wird eine eher **kostenrechnerisch** orientierte und eine sehr stark **vertriebsorientierte** Variante vorgestelltEine effiziente Kundenoptimierung ist **kostenrechnerisch** über ein mehrstufiges Vorgehen zu erzielen:- Es muss für jeden Kunden sein **spezifischer Umsatz** vorliegen. Hierzu muss unternehmensweit eine eindeutige Definition des "Kunden" vorliegen. (Juristische Person, Geschäftsfeld, leistungsempfangende oder zahlende Abteilung, etc.)- **Einzelkosten** (Materialeinzelkosten, Fertigungslöhne, Sondereinzelkosten) müssen den einzelnen Kunden direkt zugerechnet werden.

Komplexer ist die Zuordnung und Verrechnung der Gemeinkosten (Kostenstellenkosten von Vertrieb, Fertigungssteuerung, Disposition, Einkauf, etc.). Hierzu bietet es sich an, kundendirekte und kundenindirekte Kosten zu differenzieren.-
Kundendirekte Einzelkosten sind die Geschäftsprozesskosten, die sich einem einzelnen Kunden direkt zurechnen lassen. Jedem primären Betrachtungsobjekt Kunde müssen die anfallenden Geschäftsprozesse kontinuierlich zugeordnet werden. Dabei ist zu beachten, dass Kunde nicht gleich Kunde ist. So kann die komplette Auftragsbearbeitung für einen Kunden innerhalb von vier Stunden abgewickelt sein, für einen anderen kann dieser Prozess dagegen mehrere Tage in Anspruch nehmen. (1)
- Die **Kundengemeinkosten** wie z. B. Human Resources oder Marketing, werden innerhalb der Prozesskostenrechnung wie die kundendirekten Kosten abgebildet, allerdings ohne Kundenbezug. Sie werden mittels sinnvoller Algorithmen auf die einzelnen kundendirekten Geschäftsprozesse verrechnet. (1)

Im Rahmen der Kundenwertanalyse ist darüber hinaus die Zuhilfenahme weiterer "weicher" Beurteilungskriterien (u. a. prognostiziertes Wachstum, Cross-Selling-Potenzial, Kundenlebensdauer) notwendig, um kundenindividuelle Strategien ableiten zu können, die dann jedem Kunden die Behandlung zuteil werden lässt, die dieser auch verdient. (1)

Da die gängigen ERP-Systeme sich i. d. R. auf das "antiquierte" Ziel der Ermittlung der Kostenträgerkosten beschränken, ist das Betrachtungsobjekt "Kunde und / oder Prozess" nur unter erheblichem finanziellen und personellem Aufwand realisierbar. So ist ggf. der Einsatz eines zusätzlichen IT-Systems notwendig, welches sich nahtlos und in kürzester Zeit in die bestehende ERP-Landschaft integrieren lässt. Außerdem muss in den Köpfen der Mitarbeiter die heilige Kuh "Angestellter" enttabuisiert werden. Nur so sind kundenspezifische Informationen zu generieren. (1)

Eine eher **vertrieblich** orientierte Methode zur Kundenoptimierung macht das Durchlaufen der folgenden Schritte notwendig:- Definition der Kundensegmente. Es sollen profitable wie auch weniger profitable Kundensegmente sowie deren individuelle Bedürfnisse identifiziert werden, worauf die Steuerung und Kontrolle des Vertriebs ausgerichtet wird. So empfiehlt sich die Aufteilung in VIP-, A-, B- und C-Kunden. - Identifikation und Festlegung quantitativer (bspw. Umsatz, Deckungsbeitrag, Bonität, Frequenz und monetäres Potenzial) und qualitativer Kriterien (bspw. Einfluss

auf andere Kunden und das Image der Unternehmung, Qualität der Kundenbeziehung).
- Ableitung von Maßnahmen für die Neukundengewinnung wie auch Kundenbetreuung. So können Potenziale aufgezeigt und über Profilvergleiche identifiziert und gezielt bearbeitet werden. Betreuung und Akquiseaufwand sollte auf die Werthaltigkeit abgestimmt werden. So könnte für VIP-Kunden eine Exklusiv-Betreuung und eine Prozessoptimierung und automatisierte Kundenbetreuung in weniger werthaltigen Kundensegmenten angestrebt werden.

Unter Zuhilfenahme von Kennzahlen können entsprechend der Unternehmensgröße und Komplexität der Organisation Ziele und Teilziele festgelegt und bewertet werden.

Fallbeispiele

Der Bereich Information Communication Networks der Siemens AG beschäftigt alleine in Deutschland rund 2 500 Vertriebsmitarbeiter, was die Vertriebssteuerung und das controlling vor eine komplexe Aufgabe stellt. Um exakte Aussagen darüber zuzulassen, warum etwa nur 95 Prozent des Umsatzzieles erreicht wurde, setzt der Bereich auf eine zentrale kaufmännische Planungs- und Controlling-Abteilung sowie regionale Controller in sechs so genannten Areas und in weiteren Organisationseinheiten mit Branchenzugehörigkeit, die einen Mix aus Reporting und Analyse generieren. Die Zahlen hierfür liefern die verschiedenen SAP-Systeme, die mittels Hyperion und dedizierten Analyse-Tools aggregiert werden. Die Grundlage stellt eine 16-Felder-Matrix dar, welches aus verschiedenen Geschäftsfeldern, Geschäftsarten sowie Umsatzarten alle Informationen bis auf die unterste Ebene etwa Kunde oder Produkt analysierbar macht.

Der Bonusprogramm-Anbieter CAP hat inzwischen 21 Millionen Happy-Digits-Karten ausgegeben. Die Erkenntnisse aus dem Einsatz der Kundenkarten fließen in das Multi-Partner-Marketingprogramm der CAP wie auch in einzelne Aktionen der teilnehmenden Unternehmen wie Karstadt. Neben personalisierter Kommunikation, die durch die Erkenntnisse aus dem Kaufverhalten der einzelnen Kunden ermöglicht wird, lassen sich auch kommerziell interessante Erkenntnisse über Kundensegmente fällen. Der Warenhauskonzern Karstadt z. B. nutzt die Daten zur Auswertung des Kundenwertes mit fünf unterschiedlichen Sieben

(Kundensegmente wie Premiumkunden und A- bis E-Kunden, unter Berücksichtigung der Einkaufshäufigkeit und des Umsatzes je Einkauf) welche Kunden für bestimmte Mailings interessante Kunden identifiziert. Daneben analysiert Karstadt aber auch einzelne Warengruppen mittels Clusteranalysen wie aber auch durch Analyse der Verhaltensmuster wie Einkaufsfrequenz oder dem Griff nach bestimmten Preislagen, unabhängig vom Sortiment. (5)

Weiterführende Literatur

(1) Kayser, Holger; Paczkowski, Jörg, Wie viele "Kunden-Könige" können wir uns noch leisten? Controlling, Heft 10/2004, S. 551-556
aus Government Computing, Heft 09/2004, S. 19

(2) Was heißt "Customer Lifetime Value"
aus Bank und Markt 09 vom 01.09.2004 Seite 046

(3) Blick zurück nach vorn
aus acquisa, Vol. 52, Heft 10/2004, S. 14-18

(4) Pott, Wolfgang, Fiat im Supermarkt, Welt am Sonntag, 26.09.2004, Nr. 39, S. 101
aus acquisa, Vol. 52, Heft 10/2004, S. 14-18

(5) Neue Erkenntnisse
aus Lebensmittel Zeitung 39 vom 24.09.2004 Seite 029

(6) Gouthier, Matthias H. J., Das Management von Neukundenbeziehungen,
Wirtschaftswissenschaftliches Studium, Heft 10/2004, S. 590 596
aus Lebensmittel Zeitung 39 vom 24.09.2004 Seite 029

Impressum

Kundenwert

Bibliografische Information der deutschen Nationalbibliothek

Die Deutsche Nationalbibliothek verzeichnet diese Publikation in der deutschen Nationalbibliografie; detaillierte bibliografische Daten sind im Internet über http://dnb.d-nb.de abrufbar.

ISBN: 978-3-7379-0016-4

© 2015 GBI-Genios Deutsche Wirtschaftsdatenbank GmbH, Freischützstraße 96, 81927 München, www.genios.de

Alle Rechte vorbehalten. Dieses Werk ist einschließlich aller seiner Teile – z.B. Texte, Tabellen und Grafiken - urheberrechtlich geschützt. Jede Verwertung außerhalb der Grenzen des Urheberrechtsgesetzes bedarf der vorherigen Zustimmung des Verlags. Dies gilt insbesondere auch für auszugsweise Nachdrucke, fotomechanische Vervielfältigungen (Fotokopie/Mikroskopie), Übersetzungen, Auswertungen durch Datenbanken oder ähnliche Einrichtungen und die Einspeicherung und Verarbeitung in elektronischen Systemen.